Dieses Buch ist für:
AF399323

TEST

WOW!

Was für ein magischer Moment,
als ich erfahre, schwanger zu sein!

Das geht mir alles durch den Kopf:

Mal ehrlich!

Eigentlich hätte mir schon
früher etwas auffallen müssen ...

POP
CORN

Dein Papa

findet das total
merkwürdig an mir:

PIZZA

Hormone ...

Das Hormon-Chaos
nimmt seinen Lauf:

Merkwürdig!

Was alles anders ist mit mir:

12

Darauf
habe ich riesig Lust:

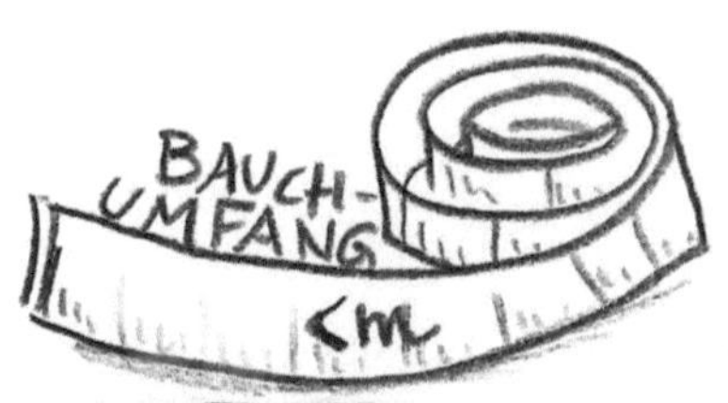

Krass!

Ich eine Mutter?
Daran denke ich:

BABY'S
9 months
Natürliche Geburt
Schwangers

Was mir alles bevorsteht!

Darauf freue ich mich:

Davor habe ich echt Bammel:

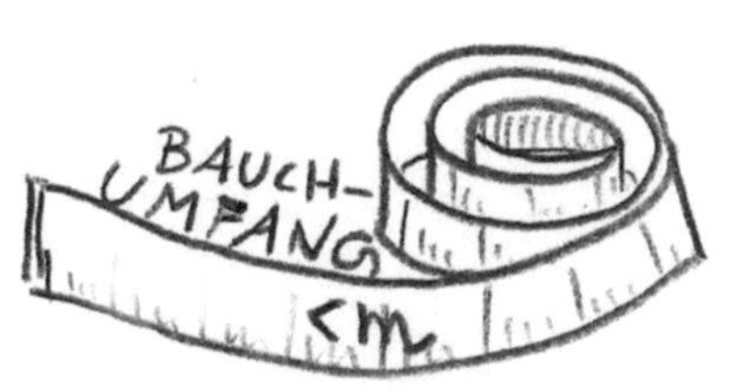

Toll!

Ich werde rund!
Das ist neu an meinem Körper:

Der Nase nach!

Meine neuen Superkräfte und Instinkte:

Pok Pok Pok Pok Pok Pok Pok Pok Pok Pok Pok Pok Pok Pok Pok

Das erste Bild von Dir!

Gefühle & Gedanken:

Platz für ein Ultraschall-Bild

Mein Körper spinnt!

Das kann ich nicht mehr ausstehen:

Das kann ja was werden ...

Die unterschiedlichen Ansichten
von Mama und Papa:

Auszeit für mich.

So lasse ich es mir gutgehen:

Irgendwie komisch.

Seltsame Reaktionen auf
meine Schwangerschaft:

ZZZZZ

Gäääääähn!

So viel zum Thema Schlafen:

Das fehlt mir ...

weil ich es schwanger
nicht mehr mache:

Ich spüre dich!

Das erste Mal am:

Und so fühlst du dich an:

NAMEN
my name is...
NAMEN
5000 NAMEN

My name is ...

Solche komischen Kosenamen
geben wir dir jetzt:

Und das sind unsere Lieblingsnamen für dich, wenn du da bist:

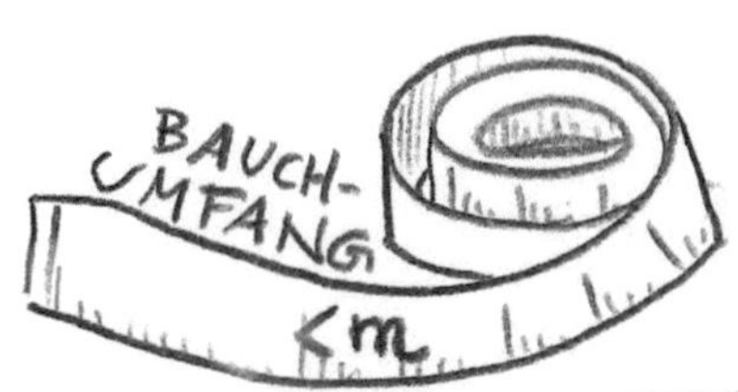

Das mache ich,

um mich auf die Geburt
vorzubereiten:

Meine neuen Bekanntschaften und Kontakte:

Das verändert sich

in unserer Partnerschaft:

Unterschiedliche Gelüste.

Das gönne ich mir jetzt:

Wir freuen uns so auf dich!

Diese Gedanken machen
uns Herzkribbeln:

Manchmal nervt mich
mein Kugelbauch.

Zum Beispiel, wenn ich ...

Puuuh!

Das finde ich jetzt ganz
schön anstrengend:

Gefühle ...

Gedanken ... Ereignisse ...

H

Verrückte Momente,

die ich mit dir im Bauch erlebe:

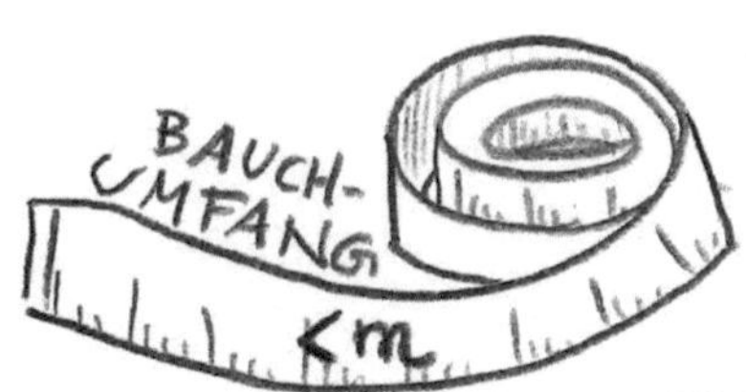

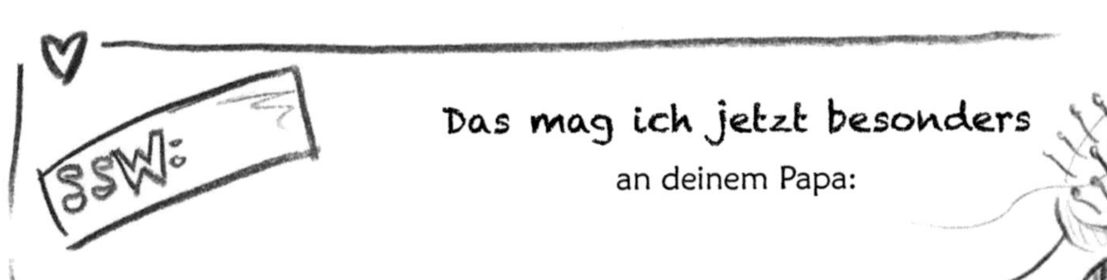

Das mag ich jetzt besonders

an deinem Papa:

Meine verrückten Träume

male ich am besten so:

Blau

Nestbautrieb!

So schön machen wir es für dich:

Horch mal!

Das lerne ich von meiner Hebamme:

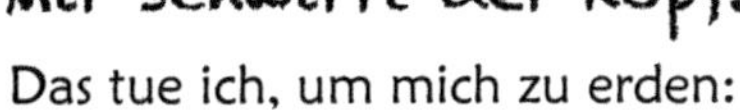

Mir schwirrt der Kopf.

Das tue ich, um mich zu erden:

Jetzt wird's bunt!

So feiern wir gemeinsam
die Schwangerschaft:

Haarscharf!

Was sich alles so verändert, wenn ich
meinen Körper genau beobachte:

Das geht mir durch den Kopf

beim Gedanken an die
bevorstehende Geburt:

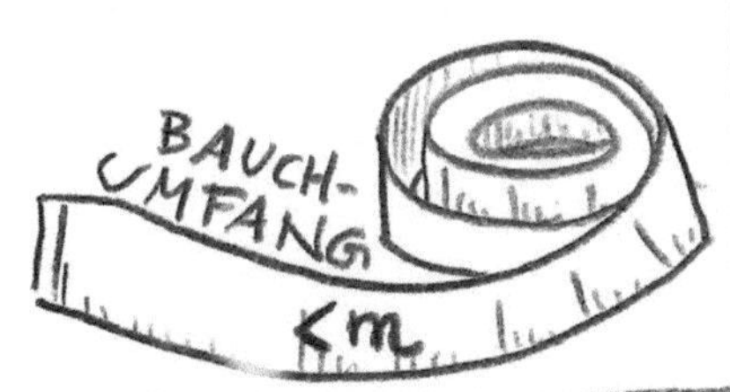

Endlich Königin!

Hierbei lasse ich mich
gerne bedienen:

Ich bin so rund,
wann geht es los?

So lenke ich mich ab:

SUPER
GIRL

Die Geburt:
Du machst dich auf
die Reise!
Mein Geburtsbericht:
HELDIN

Die Geburt:

NEW BORN
Die Geburt:
BABY
9 Monate
HELDIN

Das bist du:

Name: ______________________________

____

Geburtstag: ______________   Uhrzeit: ______________

Gewicht: ______________   Größe: ______________

Sonstiges:

MYSTERY

So geht es weiter!

Unsere erste Zeit im Wochenbett:

Wochenbett ♡
Autsch
Ganz ehrlich?
So geht es mir gerade:
Stimmungsbarometer

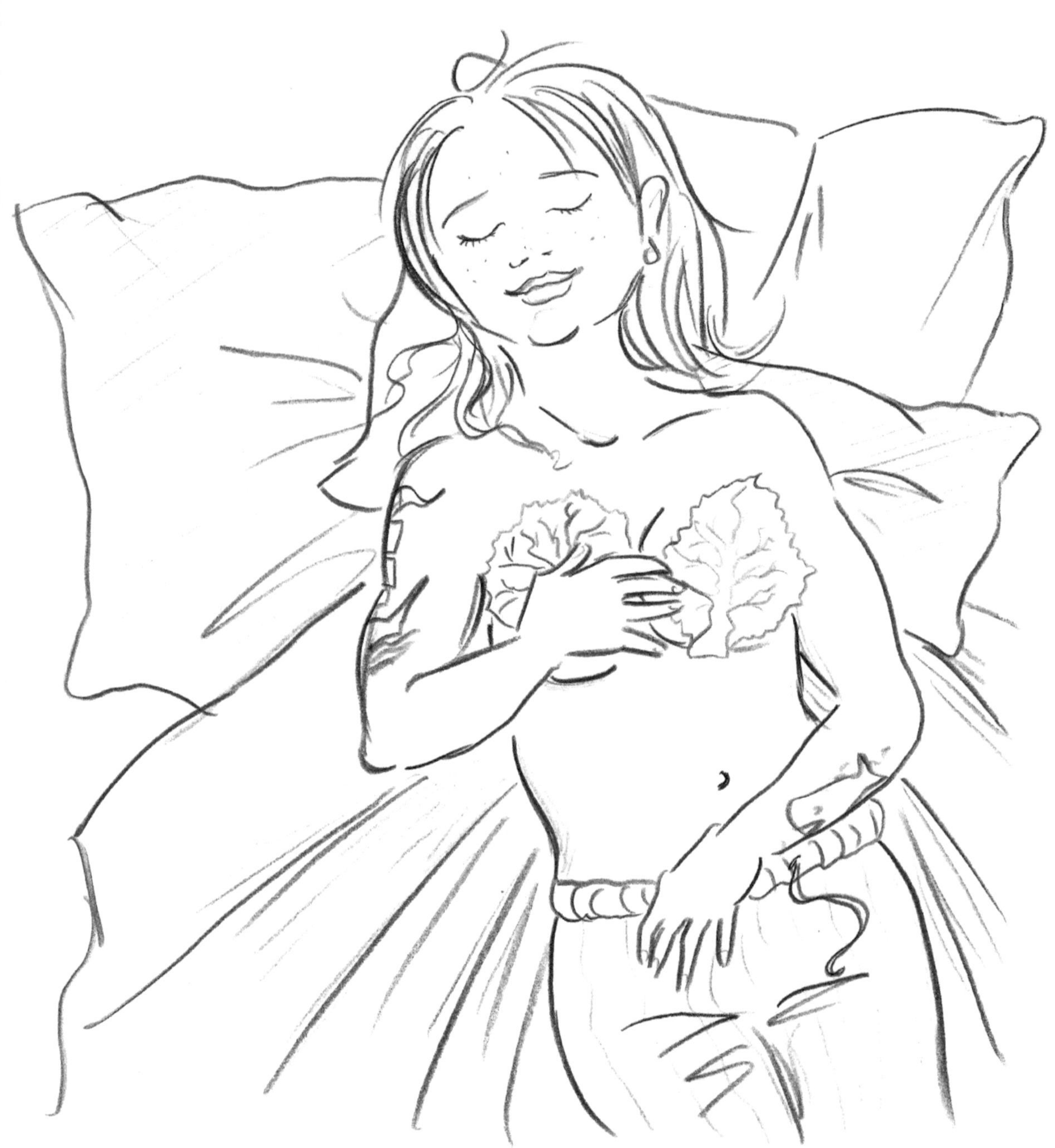

So verwöhne ich
meinen Körper,
weil er es verdient hat!

Immer durstig!

So läuft es mit dem Stillen:

Wie du wächst!

Datum: _______________ Größe: _______________ Gewicht: _______________

Datum: _______________ Größe: _______________ Gewicht: _______________

Datum: _______________ Größe: _______________ Gewicht: _______________

Datum: _______________ Größe: _______________ Gewicht: _______________

Datum: _______________ Größe: _______________ Gewicht: _______________

Datum: _______________ Größe: _______________ Gewicht: _______________

Datum: _______________ Größe: _______________ Gewicht: _______________

Datum: _______________ Größe: _______________ Gewicht: _______________

Datum: _______________ Größe: _______________ Gewicht: _______________

Datum: _______________ Größe: _______________ Gewicht: _______________

Datum: _______________ Größe: _______________ Gewicht: _______________

Ziemlich verändert!

So fühle ich mich in meinem neuen Körper:

Hormon-Chaos!

Darüber werden wir
irgendwann lachen:

Unsere lieben Besucher

und was sie mitbringen:

Wochenbett ♡
So schlafen wir ...
oder auch nicht:
Stimmungsbarometer

BABE
ENGEL
SWEET
BÄRCHEN
LOVE
SCHNUCK
MÜCKE
SCHNITZ

Wochenbett ♡
Ohne Worte!
So süß bist du:
KG
g
cm
date

Du gibst mir Superkräfte!

Darauf freue ich mich mit dir:

Und für Geschwisterkinder

gibt es von Charline dieses Buch:

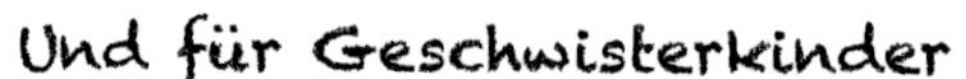

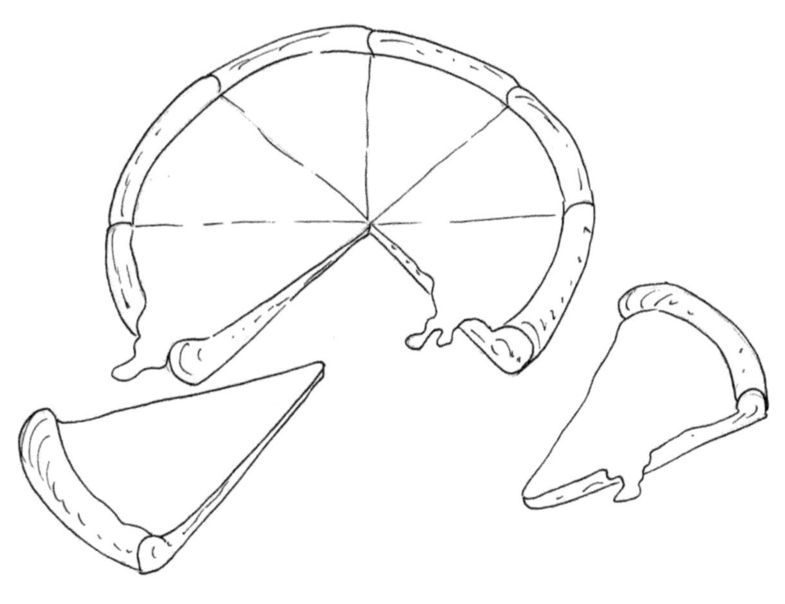

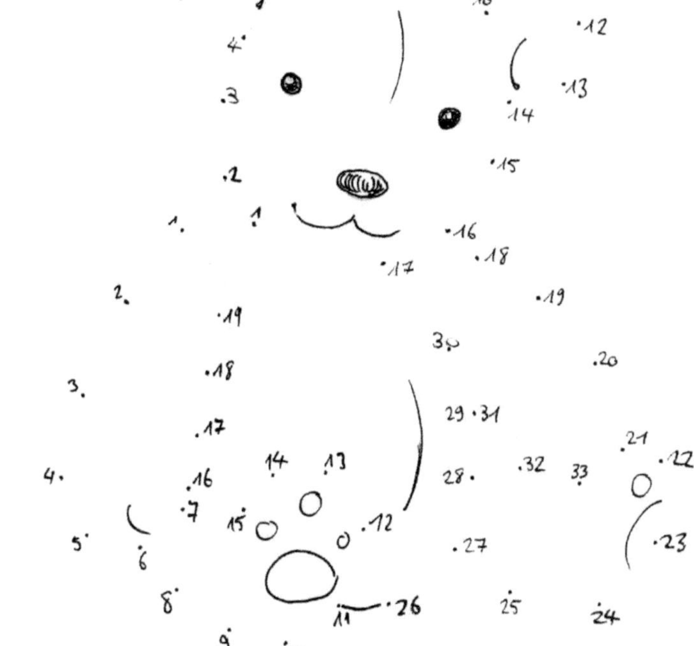

Bibliografische Information der Deutschen Nationalbibliothek
Die Deutsche Nationalbibliothek verzeichnet diese
Publikation in der Deutschen Nationalbibliografie;
detaillierte bibliografische Daten sind im Internet über http://dnb.d-nb.de abrufbar.

**Voller Vorfreude auf mein Baby:
Schwangerschaftstagebuch zum Ausmalen**

von
Charline Alcantara

1. Auflage   November 2021
© 2021   edition riedenburg
Verlagsanschrift   Adolf-Bekk-Straße 13, 5020 Salzburg, Österreich
Internet   www.editionriedenburg.at
E-Mail   verlag@editionriedenburg.at

Lektorat   Dr. Heike Wolter, Regensburg
Satz und Layout   edition riedenburg
Cover   Blauer Hintergrund und Wolken: Man As Thep/shutterstock.com;
                    Herzen, Sterne und Wölkchen: black-sun/shutterstock.com
Herstellung   Books on Demand GmbH

ISBN 978-3-99082-088-9